Fiche **notion**

Par Arnaud Sorosina

La religion

LePetitPhilosophe.fr

Associez chaque citation à l'explication qui lui correspond.

Choisissez un sujet bac et construisez le plan de votre dissertation en y associant, si possible, certaines des citations et des explications reprises ci-dessus.

INTRODUCTION

Comme toute réalité culturelle (langue, art, histoire, etc.), la religion est le propre de l'homme. Mais d'où vient ce besoin de croire ?

Ayant conscience de son existence, **l'homme ne peut que buter devant l'idée de sa mort**, qui semble ôter tout sens à la vie : si tout a une fin, à quoi bon construire quoi que ce soit ? Le caractère tragique de la mort apparait ainsi comme l'acte de naissance de la conscience religieuse : face à la mort, l'homme invente des explications permettant de sauver le monde de son apparente absurdité.

Il s'agit donc de reconquérir le sens de la vie, en trouvant du réconfort dans l'idée d'un être qui se trouve au-delà du monde humain et avec lequel une relation spirituelle peut s'établir. **La religion, comme son origine latine l'indique (*religare*), est ce qui relie** :

- l'homme à la divinité, à travers la croyance en une forme de transcendance. C'est la dimension intime du fait religieux, que l'on appelle la foi ;
- les hommes entre eux, puisque la croyance se renforce en se communiquant à d'autres individus, donnant lieu à une communauté religieuse.

Cependant, il ne suffit pas de rappeler l'origine psychologique de la religion pour saisir ce qu'elle a de spécifique. Qu'est-ce qui distingue la foi par rapport à d'autres types de croyance ? Et qu'est-ce qui distingue la communauté

religieuse d'une autre communauté de croyance ? Pour bien
le comprendre, il s'agit de cerner la nature du religieux.

<u>Niveaux de lecture :</u>

*** : incontournable

** : à ne pas négliger

* : pour approfondir

APPROCHES DE LA NOTION

LA RELIGION ET SES CONTREFAÇONS

Toute forme de sacré est-elle religieuse ? ***

Émile Durkheim (1858-1917) soutient, dans *Les Formes élémentaires de la vie religieuse* (1912), que **ce n'est pas nécessairement la divinité qui caractérise le religieux, mais la distinction entre le profane et le sacré** (citation 1) :

- le profane désigne la sphère de ce qui n'est qu'humain ;
- le sacré renvoie à un ensemble de réalités (êtres, objets, lieux) où sont à l'œuvre des puissances surnaturelles.

Il peut donc y avoir du sacré sans religion instituée. Dès lors, qu'est-ce qui distingue la religion d'autres formes de sacralité ? C'est la transcendance (caractère de ce qui est d'une nature différente, supérieure et séparée du monde sensible) du sacré qui différencie la religion de la magie :

- dans cette dernière, le sacré est contenu dans les objets magiques ;
- dans la foi, le sacré n'est pas contenu dans les objets sacrés, mais se situe au-delà du monde sensible. En d'autres termes, **un objet religieux est un symbole qui désigne le sacré sans le contenir** : une croix renvoie à la transcendance de Dieu, mais n'est qu'une représentation.

Alors que la magie prétend agir sur le réel pour le modifier en appelant à l'aide des puissances supérieures qui seraient présentes dans le réel, **la religion ne peut agir sur le sacré,** le manipuler, puisqu'il est radicalement séparé du réel. Même la prière, dans laquelle le croyant appelle parfois Dieu à l'aide, n'est qu'une demande où le fidèle témoigne à la divinité sa foi et son impuissance, et s'en remet à elle. On ne peut pas faire de sa relation à Dieu un commerce, dans le sens où il nous serait possible d'exiger quelque chose de lui.

Ainsi, l'amour porté à Dieu n'est pas un amour terrestre qui implique la réciprocité et une forme de contrat entre des amants. À la place de ce type d'amour, Jésus promeut le pur amour de Dieu, qui prend corps dans la foi désintéressée.

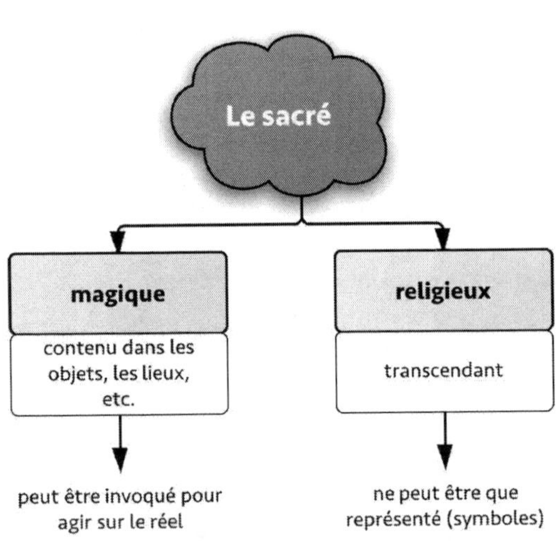

Foi et superstition **

La superstition est une croyance qui provient d'un défaut de connaissance, tout comme la foi. Mais l'analogie avec la foi s'arrête ici, car **la superstition prend sa croyance pour une connaissance**.

Dans l'appendice du livre I de l'*Éthique* (1677), **Baruch Spinoza** (1632-1677) rappelle qu'il ne faut pas utiliser Dieu pour expliquer des évènements naturels – précisément parce qu'une hypothèse surnaturelle ne saurait expliquer un évènement physique (citation 2).

La foi n'est pas une tentative d'explication de certains faits, elle ne se situe pas sur le terrain de la science. **Il s'agit d'une certitude morale, et non d'une certitude scientifique**. En effet, Dieu est une valeur en laquelle on croit : c'est la valeur absolue de laquelle toute valeur dépend, le repère fondamental qui permet de nous orienter dans l'existence. Ainsi, selon Spinoza, la foi n'a rien à voir avec la raison. Il faut donc distinguer la foi véritable de la foi superstitieuse qui veut concurrencer l'explication scientifique.

Spinoza cherche ainsi à défendre la religion, en la protégeant des critiques athées, qui ne font que démolir la superstition, mais n'égratignent pas le moins du monde la foi religieuse.

Religion, sectes et intégrisme **

Dans les faits, il n'est pas toujours aisé de distinguer les sectes et les religions : les unes et les autres reposent sur une croyance, soutenue par une organisation complexe, avec son autorité (pape, gourou) et son ensemble de rites.

Mais c'est dans la hiérarchie de ces éléments que la religion se distingue : **la foi en Dieu doit être l'élément le plus important**. L'autorité des interprètes de la parole sacrée n'est que secondaire. **Or, dans la secte, la foi dans le porte-parole (le gourou) devient capitale**.

Dans *Les Deux Sources de la morale et de la religion* (1932), **Henri Bergson** (1859-1941) distingue :

- **la religion statique**, qui désigne la dimension horizontale de la croyance (dogmes, liturgie, communauté),
- et **la religion dynamique**, c'est-à-dire la dimension verticale de la croyance, autrement dit la foi (la croyance de l'homme en une forme de transcendance).

La secte prend naissance lorsque l'on attribue aux règles religieuses et aux personnes qui les édictent plus de poids qu'à la foi. En effet, la dimension proprement spirituelle de la religion (son aspect dynamique) disparait, puisque le message sacré n'est plus qu'un instrument pour manipuler les croyants. La secte ne partage donc avec la religion que son aspect statique.

FOI ET RAISON

LA THÉOLOGIE NATURELLE

La **théologie naturelle** cherche à fonder la religion sur des preuves rationnelles : elle donne lieu à une religion philosophique selon laquelle la croyance en Dieu est rationnelle, car elle peut faire l'objet d'une démonstration. Inversement, pour le **fidéisme**, la foi est au-delà de la raison et ne saurait être appréhendée par elle.

La religion dans la philosophie : la théologie naturelle ***

Certains philosophes des Lumières ont voulu prendre leurs distances par rapport aux religions, et ont inventé le concept de religion naturelle.

LES LUMIÈRES

Les **Lumières** désignent une sensibilité philosophique commune à de nombreux philosophes du XVIIIe siècle (notamment en Écosse, en Allemagne et en France), réunis sous la bannière de la raison, instrument universel de la pensée libre. Dans « Qu'est-ce que les Lumières ? », Kant écrit : « Aie le courage de te servir de ton propre entendement. Voilà la devise des Lumières. »

Dans ses *Dialogues sur la religion naturelle* (1779), **David Hume** (1711-1776) s'interroge ainsi **sur les preuves rationnelles de l'existence de Dieu** à travers une conversation entre trois personnages. Cependant, il ne prend jamais explicitement parti dans le débat qui oppose Déméa, le croyant dogmatique, Philon, le sceptique, et Cléanthe, le théiste – c'est-à-dire partisan de la religion dans les limites de la raison.

L'argument du dessein

- Cléanthe donne un premier argument en faveur de l'existence de Dieu : la preuve cosmologique (ou argument du dessein), selon laquelle **l'ordre du monde manifeste une intention créatrice**. Même les plus petites parties du monde, selon Cléanthe, sont assemblées avec une admirable précision. Ainsi, la nature ressemble aux produits du travail humain, ce qui signifie que les causes de la nature doivent être similaires aux causes du travail humain : la nature doit avoir un créateur dont l'esprit est semblable à celui de l'homme tout en étant doué de facultés supérieures (citation 3) ;
- Philon critique le caractère disproportionné de cette

analogie, car nous ne pouvons inférer la cause d'un effet uniquement parce que l'expérience nous a montré que cette cause était toujours attachée à cet effet. Ainsi, nous attribuons l'existence d'une maison à l'architecte, parce que nous avons toujours observé ce lien de cause à effet. Mais rien ne nous autorise à transposer ce raisonnement entre le monde et Dieu, car il doit être fondé sur l'observation, sans quoi il n'est qu'une hypothèse fantaisiste.

L'argument *a contingentia mundi*

- le croyant recourt alors à un autre argument : la preuve par la contingence du monde, qui part du principe que **rien n'existe sans raison** pour soutenir l'idée qu'**il doit exister une cause à l'existence du monde.** La chaine des causes ne saurait être infinie, car il faut bien que la chaine elle-même ait une cause, qui ne peut être que Dieu ;
- le problème est que ce raisonnement, qui suppose déjà la validité du principe de raison, pose en fait une entité qui y échappe : Dieu est une cause paradoxale, puisqu'il est cause de soi.

La foi au-delà de la raison : le fidéisme ***

Ces difficultés expliquent que la foi ne saurait être fondée sur une démonstration rationnelle de l'existence de Dieu.

Blaise Pascal (1622-1663) fait remarquer dans ses *Pensées* (1670) que **la foi n'est pas une connaissance, mais une confiance** (comme l'indique l'étymologie latine, *fides*) **sans fondement rationnel**. C'est précisément parce qu'elle ignore si elle est vraie ou non qu'elle est véritablement une foi. Elle se situe au-delà de la vérité de raison :

- elle n'appartient pas à ce que Pascal appelle l'ordre géométrique où la raison tranche entre le vrai et le faux à l'aide de démonstrations convaincantes ;
- **elle relève de l'ordre du cœur**, qui suppose un « saut » dans la foi, où l'absence de raisons de croire est précisément ce qui fonde la foi. Croire, c'est renoncer à savoir (citation 4).

Selon Pascal, vouloir connaitre Dieu par les sens ou la raison, et non par le cœur, ce serait commettre une faute, que le philosophe appelle la confusion des ordres : celui du cœur, qui concerne les valeurs, et celui de la raison, qui concerne la nature. Le croyant ne doit pas se demander, comme le scientifique, ce que sa connaissance lui permet de faire, mais ce que sa croyance lui impose de faire. La foi a donc une visée éthique – elle constitue un guide moral – et donne un sens à notre existence. De ce point de vue, la religion, qui se construit sur la base de cette foi, concurrence la raison pour fonder la morale.

Si **le fidéisme** se situe au-delà de la raison théorique, cela ne signifie toutefois pas qu'il est totalement indifférent à la raison pratique. Autrement dit, il **utilise la raison, mais à des fins pratiques** : non pour édifier la foi, mais pour administrer la communauté religieuse, non pour fonder les valeurs, mais pour les discuter. C'est donc la foi qui impose les valeurs et la raison qui les organise : la raison est subordonnée à la religion.

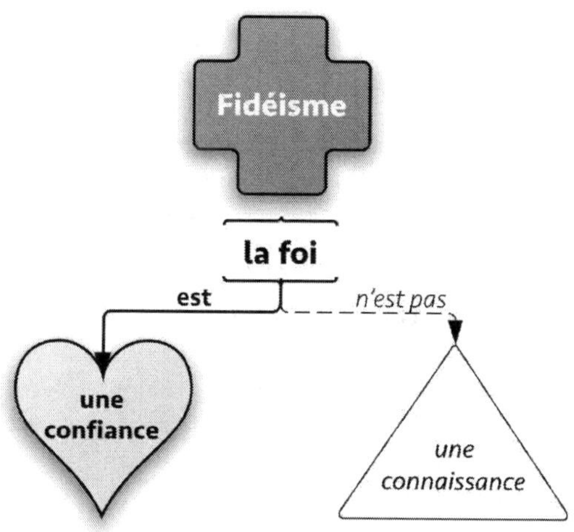

Du bon usage de la raison en matière religieuse **

Ainsi, pour Pascal, **la raison n'est qu'un outil pour appro-fondir et transmettre la foi**. C'est ce qui permet de com-prendre le célèbre **argument du pari**, qui n'est rationnel que pour servir la foi, et non pour démontrer quoi que ce soit. Pascal explique qu'**il est beaucoup plus raisonnable (et rationnel) de croire en Dieu** :

- si cette croyance est vraie, c'est l'éternité que l'on gagne, en plus de la sérénité pendant la vie, puisque l'on n'est pas angoissé par la mort ;

- si cette croyance est illusoire, on ne perd rien, puisqu'on ne sera plus de ce monde pour constater que l'on avait tort, et on aura au moins vécu avec une joie confiante (citation 5).

D'autre part, puisque la foi s'appuie sur des faits et des textes sacrés, elle peut faire appel à la raison, lorsque celle-ci est la servante de la théologie. Dès lors, comme l'établit **Averroès** (1126-1198) dans le *Discours décisif* (vers 1179-1180), **on peut recourir à la raison dans l'interprétation des Écritures** toutes les fois où celles-ci ne sont pas assez claires par elles-mêmes. La raison est l'instrument qui permet à la foi de ne pas être obscurcie par des problèmes d'exégèse – c'est-à-dire par des querelles autour de l'interprétation des Écritures. Averroès précise cependant que seule l'autorité théologique décide de l'interprétation correcte.

QU'Y A-T-IL APRÈS LA MORT DES DIEUX ?

Le fondement religieux de la morale *

Les textes sacrés n'ont pas de fondement rationnel, mais ils cherchent à convertir notre volonté, autrement dit à transmettre la foi, pour modeler nos existences en lui proposant des valeurs morales.

C'est ce qu'a perçu **Emmanuel Kant** (1724-1804) dans *La Religion dans les limites de la simple raison* (1793). Même en l'absence de religion instituée, il y a des valeurs transcendantes au fondement de toute morale. En ce sens, **toute morale a un fondement religieux**. On peut donc se débarrasser de la religion, mais pas du socle de valeurs sur lequel elle repose. Or ce socle est le cœur même du religieux. Ainsi, même après la mort des dieux, on ne peut pas se passer de la religion pour fonder la morale : Dieu demeure un postulat, une sorte de « fiction utile ».

Toute morale est donc de nature religieuse, puisqu'elle pose des valeurs transcendantes. En effet, on ne peut pas dériver les valeurs à partir de ce qui est sensible, car le monde sensible est toujours le lieu de l'individualité et de la recherche du bonheur personnel : il ne saurait relier les hommes en une communauté morale. Dès lors, **les valeurs morales** ne sont pas en elles-mêmes rationnelles : elles **font l'objet d'une foi de la raison pratique**. Ainsi, **il est nécessaire de postuler l'existence de Dieu pour fonder la morale**. Il s'agit d'une hypothèse, du point de vue de la raison théorique, mais d'une confiance, du point de vue de la raison pratique. C'est que dans le domaine de la morale, on ne peut avoir de certitude objective, car l'objectivité concerne ce qui est et non ce qui doit être.

Les critiques de la religion **

Il arrive que cet usage moral de la religion gagne le terrain politique. Autrement dit, la religion se mêle à la politique, ce qui est très dangereux. En effet, **le pouvoir théocratique aliène l'homme en le soumettant au regard de Dieu**, intériorisé sous la forme de la conscience morale. Dieu est ainsi un instrument de contrôle du peuple.

LA THÉOCRATIE

La **théocratie** est une forme de gouvernement dans

C'est exactement ce que veut dire **Karl Marx** (1818-1883) lorsqu'il explique que « la religion est l'opium du peuple ». La religion est l'anesthésiant, la drogue, qui sert à endormir les masses pour qu'elles ne se révoltent pas contre ceux qui les exploitent.

Si, d'après Kant, toute morale a obligatoirement un fondement religieux, **Sigmund Freud** (1856-1939), **accuse la religion de s'être accaparée la morale**. Dès lors, pour ce dernier, **il faut une nouvelle morale qui n'ait pas un fondement religieux**. En effet, si la morale est fondée uniquement sur la religion, alors toute forme d'irréligion impliquerait l'immoralité (comme le souligne Dostoïevski dans la citation : « Si Dieu n'existe pas, tout est permis. »). À l'époque de la laïcisation de la société, il est donc urgent de fonder la morale sur un socle idéologique qui ne soit pas religieux pour conserver des valeurs éthiques <u>(citation 6)</u>.

Le problème est alors de savoir non seulement comment fonder des valeurs, mais quelles valeurs fonder. En effet, la démocratie, si elle tend à adopter des valeurs consensuelles, ne fait bien souvent que reprendre les valeurs religieuses pour les fonder autrement. C'est donc peut-être les valeurs elles-mêmes qu'il faut changer, plutôt que leur mode de fondation.

L'avènement du surhomme ***

Contrairement à la critique athée (qui nie l'existence de Dieu) qui s'attaque au fait religieux pour en montrer l'irrationalité, **Friedrich Nietzsche** (1844-1900) s'efforce de démanteler la religion de l'intérieur. Pour ce faire, il remonte aux fondements de la religion – plus particulièrement du christianisme – pour évaluer les valeurs de la morale chrétienne.

Selon lui, **le christianisme, qui considère que l'existence humaine est le fruit d'un péché, place l'existence humaine sous le signe de la culpabilité**. Le salut se trouve seulement dans l'au-delà, et le but de la vie n'est pas logé dans la vie elle-même : il réside dans le salut, auquel nous devons nous préparer durant notre existence en répudiant tout ce qui dans la vie humaine nous éloigne de Dieu, à commencer par les plaisirs de la chair et tout ce qui a trait au corps. Le corps est ainsi considéré comme un ennemi. L'homme doit donc fuir l'agitation de la vie humaine, et notamment les désirs par lesquels il se complait dans le monde sensible, pour se préparer à accéder à l'au-delà. Pour Nietzsche, **faute de trouver dans le monde réel le sens de l'existence humaine, la religion a inventé un arrière-monde imaginaire**, peuplé d'êtres imaginaires tels que les anges, les démons et Dieu, qui justifierait le sens de ce monde illusoire.

D'après le philosophe, **le christianisme nous conduit donc à nier la vie humaine**, or elle est tout ce que nous avons. Il faut donc créer des valeurs nouvelles pour promouvoir la vie. Autrement dit, pour que la vie renaisse des cendres de la religion, il faut tuer Dieu.

D'autres s'en sont déjà chargés – notamment les philosophes athées des Lumières –, remarque Nietzsche. Mais,
bien que le nombre de croyants et l'importance des religions
instituées déclinent, cela ne signifie nullement que **les
valeurs chrétiennes** n'opèrent plus. De fait, celles-ci **ne
peuvent pas être détruites par la raison, mais seulement
déracinées et remplacées par d'autres** (citation 7).

Selon Nietzsche, **la promotion de nouvelles valeurs
revient à des types surhumains** (c'est-à-dire au-delà de
l'homme religieux), **capables d'assumer l'absurdité de
l'existence en créant des valeurs qui glorifient la vie**,
qui exaltent le sentiment d'exister. Nietzsche a conscience
que ce processus prendra des siècles, tant les valeurs chrétiennes sont enracinées dans les consciences. Il se présente
donc davantage comme le prophète du surhomme (celui qui
l'annonce) que comme son incarnation.

Il y a peut-être une forme de religiosité dans la nouvelle
morale que Nietzsche appelle de ses vœux, mais c'est une
religion sans Dieu, une religion où c'est la vie elle-même
qui fédère les hommes. En définitive, s'il est possible de
se passer de la religion statique, le souffle créateur de la
religion dynamique continue à se propager dans n'importe
quelle tentative de donner un sens à son existence, car cela
implique de poser des valeurs et d'y croire.

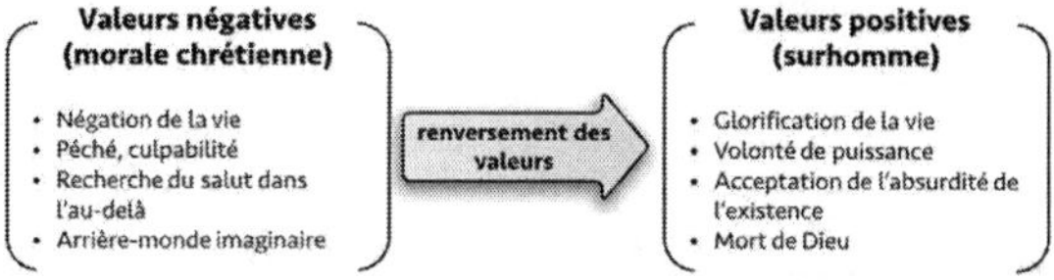

Valeurs négatives
(morale chrétienne)

• Négation de la vie
• Péché, culpabilité
• Recherche du salut dans
  l'au-delà
• Arrière-monde imaginaire

renversement des
valeurs

Valeurs positives
(surhomme)

• Glorification de la vie
• Volonté de puissance
• Acceptation de l'absurdité de
  l'existence
• Mort de Dieu

EN RÉSUMÉ

Selon **Durkheim**, le religieux se caractérise par la distinction entre le profane et le sacré. Mais, à la différence de la magie, dans la religion, le sacré est transcendant : il n'est pas contenu dans les objets.

Spinoza explique que la croyance religieuse, contrairement à la superstition, ne se prend pas pour une connaissance. Il s'agit d'une certitude morale et non scientifique.

Bergson distingue quant à lui deux dimensions dans la religion : celle-ci est à la fois dynamique (l'homme croit en une forme de transcendance) et statique (la croyance regroupe les hommes en une communauté religieuse). Ainsi, la secte s'éloigne radicalement de la religion en ce que la place prédominante du gourou efface l'aspect proprement spirituel.

Foi et raison entretiennent des rapports complexes : **Hume**, notamment, tente de prouver rationnellement l'existence de Dieu, tandis que **Pascal** estime que la foi n'a aucun fondement rationnel. Selon ce dernier, la foi relève de l'ordre du cœur, où l'absence de raisons de croire est justement ce qui fonde la foi.

Kant affirme que toute morale a un fondement religieux : on peut se débarrasser de la religion, mais pas du socle de valeurs sur lequel elle repose. Or ce socle est le cœur même du religieux.

Enfin, **Nietzsche** affirme que la religion, notamment le christianisme, nie la vie humaine alors qu'elle est tout

ce que nous avons. Il faut donc non seulement tuer Dieu,
mais aussi et surtout remplacer les valeurs chrétiennes par
d'autres valeurs qui glorifient la vie.

Votre avis nous intéresse !
Laissez un commentaire sur le site de votre librairie en ligne
et partagez vos coups de cœur sur les réseaux sociaux !

POUR ALLER PLUS LOIN

- AVERROÈS, *Discours décisif*, traduction de Marc Geoffroy, Paris, GF-Flammarion, 1999.
- BERGSON H., *Les Deux sources de la morale et de la religion*, Paris, PUF, 2008.
- CAILLOIS R., *L'Homme et le Sacré*, Paris, Gallimard, 1970.
- CAVALLIER F., *La Religion*, Paris, Ellipses, 2000.
- DESCARTES R., *Les Méditations métaphysiques*, Paris, GF-Flammarion, 2009.
- DURKHEIM E., *Les Formes élémentaires de la vie religieuse*, Paris, PUF, 2013.
- FOESSEL M., *La Religion*, Paris, GF-Flammarion, 1999.
- FREUD S., *L'Avenir d'une illusion*, traduction de Bernard Lortholary, Paris, Seuil, 2011.
- HUME D., *Dialogues sur la religion naturelle*, traduction de Michel Malherbe, Paris, Vrin, 2005.
- KANT E., *La Religion dans les limites de la simple raison*, traduction de Jean Gibelin, Paris, Vrin, 1994.
- La Bible, Segond 21, Genève, Société biblique de Genève, 2007.
- Le Coran, Paris, Le Livre de Poche, 2011.
- MARX K. et ENGELS F., *Écrits sur la religion*, traduction de Jean-Louis Georget et de Philippe Grosos, Paris, Vrin, 2001.
- NIETZSCHE F., *L'Antéchrist*, traduction de Jean-Claude Hémery, Paris, Gallimard, 1993.
- NIETZSCHE F., *Le Gai Savoir*, traduction de Patrick Wolting, Paris, GF-Flammarion, 2007.
- PASCAL B., *Pensées*, sous la direction de Léon Brunschvicg,

Paris, GF-Flammarion, 1993.
- SPINOZA B., *Éthique*, traduction de Charles Appuhn, Paris, GF-Flammarion, 1993.
- SPINOZA B., *Traité théologico-politique*, traduction de Charles Appuhn, Paris, GF-Flammarion, 1997.

TESTEZ VOS CONNAISSANCES !

ASSOCIEZ CHAQUE CITATION À L'EXPLICATION QUI LUI CORRESPOND.

Citations

- **Citation 1 :** « Toutes les croyances religieuses connues [...] supposent une classification des choses, réelles ou idéales, que se représentent les hommes, en deux classes [...] que traduisent assez bien les mots de profane et de sacré. » (DURKHEIM E., *Les Formes élémentaires de la vie religieuse*, Paris, Alcan, 1912, p. 50)
- **Citation 2 :** « [Les ignorants] continueront ainsi de vous interroger sans relâche sur les causes des événements, jusqu'à ce que vous vous soyez réfugié dans la volonté de Dieu, cet asile de l'ignorance. » (SPINOZA B., *Éthique*, Paris, GF-Flammarion, 1993, livre I, appendice)
- **Citation 3 :** « [...] l'Auteur de la nature est en quelque manière semblable à l'esprit de l'homme, bien que doué de facultés beaucoup plus vastes, proportionnées à la grandeur de l'ouvrage qu'il a exécuté. » (HUME D., *Dialogues sur la religion naturelle*, Paris, Vrin, 2005, partie II)
- **Citation 4 :** « C'est le cœur qui sent Dieu et non la raison. Voilà ce que c'est que la foi : Dieu sensible au cœur, non à la raison. » (PASCAL B., *Pensées*, Paris, GF-Flammarion, 1993, pensée 278)
- **Citation 5 :** « Pesons le gain et la perte, en prenant croix que Dieu est. Estimons ces deux cas : si vous gagnez, vous gagnez tout ; si vous perdez, vous ne perdez rien. Gagez donc qu'il est, sans hésiter. » (PASCAL B., *Pensées*, Paris,

GF-Flammarion, 1993, pensée 233)

- **Citation 6 :** « On ne doit pas tuer son prochain pour la seule raison que le Bon Dieu a interdit cet acte et le sanctionnera [...], mais si l'on apprend qu'il n'y a pas de Bon Dieu [...], alors on n'aura sûrement aucun scrupule à abattre ce prochain. » (FREUD S., *L'Avenir d'une illusion*, Paris, Seuil, 2011)
- **Citation 7 :** « Après que Bouddha fut mort, on montra encore son ombre durant des siècles dans une caverne. [...] Dieu est mort : mais l'espèce humaine est ainsi faite qu'il y aura peut-être encore durant des millénaires des cavernes au fond desquelles on montrera son ombre. [...] il nous faut aussi vaincre son ombre ! » (NIETZSCHE F., *Le Gai Savoir*, Paris, GF-Flammarion, 2007, paragraphe 108)

Explications

- **Explication a :** Dieu ne fait pas l'objet d'une croyance rationnelle, mais il est l'objet d'une confiance qui dépasse les explications philosophiques et scientifiques.
- **Explication b :** on ne peut exiger quelque chose de Dieu en retour de nos prières, il n'y a pas de troc possible avec les dieux, comme c'est le cas dans les pratiques magiques.
- **Explication c :** les valeurs survivent à leur créateur, de sorte qu'il est illusoire de croire qu'un système moral ou religieux est aboli dès le moment où ses propagateurs ne se manifestent plus.
- **Explication d :** il est plus raisonnable de croire en Dieu que de n'y pas croire : sans Dieu notre vie perd tout sens puisqu'il n'y a rien après la mort, alors que si Dieu existe, c'est l'éternité qui nous est promise.

- **Explication e :** le superstitieux se sert de Dieu pour expliquer des évènements naturels, or une hypothèse surnaturelle ne saurait rendre compte d'un évènement physique : la foi ne peut expliquer certains faits.
- **Explication f :** si la morale est fondée uniquement sur la religion, cela signifie que dès lors que la religion disparait, il n'y a plus de valeurs éthiques.
- **Explication g :** l'ordre du monde manifeste une intention créatrice issue d'un esprit semblable à celui de l'homme, mais qui lui est supérieur.
- **Explication h :** la religion est dotée de deux dimensions : une dimension verticale (l'homme croit en une forme de transcendance) et une dimension horizontale (la croyance regroupe les hommes en une communauté religieuse).
- **Explication i :** toute morale doit être fondée sur des valeurs transcendantes et a en ce sens un fondement religieux.
- **Explication j :** la religion se caractérise par la distinction entre le profane, c'est-à-dire ce qui est humain, et le sacré, qui renvoie à une puissance surnaturelle.

CHOISISSEZ UN SUJET BAC ET CONSTRUISEZ LE PLAN DE VOTRE DISSERTATION EN Y ASSOCIANT, SI POSSIBLE, CERTAINES DES CITATIONS ET DES EXPLICATIONS REPRISES CI-DESSUS.

- Toute croyance est-elle contraire à la raison ?
- La science peut-elle faire disparaitre la religion ?

- La raison entre-t-elle nécessairement en conflit avec la religion ?
- La religion peut-elle n'être qu'une affaire privée ?
- La religion unit-elle ou sépare-t-elle les hommes ?
- La religion est-elle essentielle à l'homme ?
- L'esprit religieux ne se manifeste-t-il que dans les religions ?
- Une société sans religion est-elle possible ?
- La religion et la morale ont-elles la même finalité ?
- Croire en la science, est-ce une forme de religion ?

Rendez-vous sur lepetitphilosophe.fr et découvrez :

Plus de 1200 analyses
Claires et synthétiques
Téléchargeables en 30 secondes
À imprimer chez soi

www.lepetitphilosophe.fr

ISBN version numérique : 978-2-8062-4446-8
ISBN version papier : 978-2-8062-4423-9
Dépôt légal : D/2017/12603/577

Schémas réalisés par Alberto Molina Pérez,
doctorant en philosophie des sciences (Université
Paris I-Panthéon-Sorbonne)

Conception numérique : Primento,
le partenaire numérique des éditeurs.

Made in the USA
Monee, IL
07 July 2026

56545982R00017